ISBN 978-1-332-50298-1
PIBN 10427494

1 MONTH OF
FREE
READING

at

www.ForgottenBooks.com

By purchasing this book you are eligible for one month membership to ForgottenBooks.com, giving you unlimited access to our entire collection of over 1,000,000 titles via our web site and mobile apps.

To claim your free month visit:

www.forgottenbooks.com/free427494

English
Français
Deutsche
Italiano
Español
Português

www.forgottenbooks.com

Mythology Photography **Fiction**
Fishing Christianity **Art** Cooking
Essays Buddhism Freemasonry
Medicine **Biology** Music **Ancient**
Egypt Evolution Carpentry Physics
Dance Geology **Mathematics** Fitness
Shakespeare **Folklore** Yoga Marketing
Confidence Immortality Biographies
Poetry **Psychology** Witchcraft
Electronics Chemistry History **Law**
Accounting **Philosophy** Anthropology
Alchemy Drama Quantum Mechanics
Atheism Sexual Health **Ancient History**
Entrepreneurship Languages Sport
Paleontology Needlework Islam
Metaphysics Investment Archaeology
Parenting Statistics Criminology
Motivational

LATIN UNSEENS.

SENIOR SECTION.

PROSE EXTRACTS.

I.

Milo Crotoniensis, athleta inlustris, quem in chronicis scriptum est Olympiade LXII primum coronatum esse, exitum habuit e vita miserandum et mirandum. Cum iam natu grandis artem athleticam desisset iterque faceret forte solus in locis Italiae silvestribus, quercum vidit proxime viam patulis in parte media rimis hiantem. Tum experiri, credo, etiam tunc volens, an ullae sibi reliquae vires adessent, inmissis in cavernas arboris digitis, diducere et rescindere quercum conatus est. Ac mediam quidem partem discidit divellitque; quercus autem in duas diducta partis, cum ille, quasi perfecto quod erat conixus, manus laxasset, cessante vi rediit in naturam manibusque eius retentis inclusisque stricta denuo et cohaesa, dilacerandum hominem feris praebuit.

II. Livy 28

Hannibal magnum terrorem hostibus morte consulis unius, vulnere alterius iniectum esse ratus, ne cui deesset occasioni, castra in tumulum, in quo pugnatum erat, extemplo transfert. Ibi inventum Marcelli corpus sepelit. Crispinus, et morte conlegae et suo vulnere territus, silentio insequentis noctis profectus, quos proximos nanctus est montes, in iis loco alto et tuto undique castra posuit. Ibi duo duces sagaciter moti sunt, alter ad inferendam, alter ad cavendam fraudem. Anulis Marcelli simul cum corpore Hannibal potitus erat.

III.

Romae delectus habetur totaque Italia, si hic delectus
appellandus est, cum ultro se offerunt omnes: tantus
ardor animos hominum occupavit desiderio libertatis
odioque diutinae servitutis. De reliquis rebus a té iam
exspectare litteras debemus, quid ipse agas, quid noster
Hirtius, quid Caesar meus, quos spero brevi tempore
societate victoriae tecum copulatos fore. Reliquum est,
ut de me id scribam, quod te ex tuorum litteris et spero
et malo cognoscere, me neque deesse ulla in re neque
umquam defuturum dignitati tuae.

IV.

Iamdiu ignoro, quid agas; nihil enim scribis; neque
ego ad te his duobus mensibus scripseram: quod cum
Quinto fratre meo non eras, quo mitterem aut cui darem,
nesciebam. Cupio scire, quid agas et ubi sis hiematurus:
equidem velim cum Caesare, sed ad eum propter eius
luctum nihil sum ausus scribere; ad Balbum tamen
scripsi. Tu tibi deesse noli; serius potius ad nos, dum
plenior. Quod huc properes, nihil est, praesertim Bat-
tara mortuo; sed tibi consilium non deest. Quid con-
stitueris, cupio scire.

V. *Livy 35, 36*

Omnes transierunt vadentemque per intermissa cus-
todiis loca Decium secuti sunt. Iam evaserant media
castra, cum superscandens vigilum strata somno corpora
miles offenso scuto praebuit sonitum; quo excitatus vigil
cum proximum movisset erectique alios concitarent,
ignari, cives an hostes essent, praesidium erumperet,
an consul castra cepisset, Decius, quoniam non fallerent,
clamorem tollere iussis militibus torpidos somno insuper
pavore exanimat, quo praepediti nec arma inpigre capere
nec obsistere nec insequi poterant. Inter trepidationem
tumultumque Samnitium praesidium Romanum obviis
custodibus caesis ad castra consulis pervadit.

Aliquantum supererat noctis, iamque in tuto videbantur esse, cum Decius "macte virtute" inquit, "milites Romani, este: vestrum iter ac reditum omnia saecula laudibus ferent; sed ad conspiciendam tantam virtutem luce ac die opus est, nec vos digui estis, quos cum tanta gloria in castra reduces silentium ac nox tegat. Hic lucem quieti opperiemur."

VI.

Maxime sum laetitia affectus, quum audivi consulem te factum esse, eumque honorem tibi deos fortunare volo atque a te pro tuo parentisque tui dignitate administrari; nam cum te semper amavi dilexique, cum mei amantissimum cognovi in omni varietate rerum mearum, tum patris tui pluribus beneficiis vel defensus tristibus temporibus vel ornatus secundis et sum totus vester et esse debeo, cum praesertim matris tuae, gravissimae atque optimae feminae, maiora erga salutem dignitatemque meam studia, quam erant a muliere postulanda, perspexerim. Quapropter a te peto in maiorem modum, ut me absentem diligas atque defendas.

VII.

Concha ipsa, cum manum vidit, comprimit sese operitque opes suas gnara propter illas se peti manumque, si praeveniat, acie sua abscidat nulla iustiore poena, et aliis munita suppliciis, quippe inter scopulos maior pars invenitur, sed in alto quoque comitantur marinis canibus, nec tamen aures feminarum arcentur. Quidam tradunt sicut apibus ita concharum examinibus singulas magnitudine et vetustate praecipuas esse veluti duces mirae ad cavendum sollertiae.

Usu atteri non dubium est coloremque indiligentia mutare. Dos omnis in candore, magnitudine, orbe, levore, pondere, haud promptis rebus in tantum ut nulli duo reperiantur indiscreti, unde nomen unionum Romanae scilicet inposuere deliciae. Nam id apud Graecos non est, ne apud barbaros quidem inventores eius aliud quam margaritae. Et in candore ipso magna differentia. Clarior in Rubro mari repertis, Indicos specularium lapidum squama adsimulat alias magnitudine praecellentes. Summa laus coloris est exaluminatos vocari.

VIII.

Andricus postridie ad me venit, quam exspectaram; itaque habui noctem plenam timoris ac miseriae. Tuis litteris nihilo sum factus certior, quomodo te haberes, sed tamen sum recreatus. Ego omni delectatione litterisque omnibus careo, quas ante, quam te videro, attingere non possum. Medico mercedis quantum poscet promitti iubeto: id scripsi ad Ummium. Audio te animo angi et medicum dicere ex eo te laborare: si me diligis, excita ex somno tuas litteras humanitatemque, propter quam mihi es carissimus; nunc opus est te animo valere, ut corpore possis: id cum tua, tum mea causa facias, a te peto. Acastum retine, quo commodius tibi ministretur. Conserva te mihi: dies promissorum adest, quem etiam repraesentabo, si adveneris... Etiam atque etiam vale.

IX.

Duodequadraginta annos tyrannus Syracusanorum fuit Dionysius, cum quinque et viginti natus annos dominatum occupavisset. Qua pulchritudine urbem, quibus autem opibus praeditam servitute oppressam tenuit civitatem! Atqui de hoc homine a bonis auctoribus sic scriptum accepimus, summam fuisse eius in victu temperantiam in rebusque gerundis virum acrem et industrium, eundem tamen maleficum natura et iniustum. Ex quo omnibus bene veritatem intuentibus videri necesse est miserrimum. Ea enim ipsa, quae concupierat, ne tum quidem, cum omnia se posse censebat, consequebatur. Qui cum esset bonis parentibus atque honesto loco natus (etsi id quidem alius alio modo tradidit) abundaretque et aequalium familiaritatibus et consuetudine propinquorum, haberet etiam more Graeciae quosdam adulescentis amore coniunctos, credebat eorum nemini, sed iis, quos ex familiis locupletium servos delegerat, quibus nomen servitutis ipse detraxerat, et quibusdam convenis et feris barbaris corporis custodiam committebat.

X.

Iniustitiae genera duo sunt, unum eorum, qui inferunt, alterum eorum, qui ab iis, quibus infertur, si possunt, non propulsant iniuriam. Nam qui iniuste impetum in quempiam facit aut ira aut aliqua perturbatione incitatus, is quasi manus afferre videtur socio; qui autem non defendit nec obsistit, si potest, iniuriae, tam est in vitio, quam si parentes aut amicos aut patriam deserat. Atque illae quidem iniuriae, quae nocendi causa de industria inferuntur, saepe a metu proficiscuntur, cum is, qui nocere alteri cogitat, timet, ne, nisi id fecerit, ipse aliquo afficiatur incommodo. Maximam autem partem ad iniuriam faciendam adgrediuntur, ut adipiscantur ea, quae concupiverunt; in quo vitio latissime patet avaritia.

XI.

Hinc ille Gyges inducitur a Platone, qui, cum terra discessisset magnis quibusdam imbribus, descendit in illum hiatum aëneumque equum, ut ferunt fabulae, animadvertit, cuius in lateribus fores essent; quibus apertis corpus hominis mortui vidit magnitudine invisitata anulumque aureum in digito; quem ut detraxit, ipse induit (erat autem regius pastor), tum in concilium se pastorum recepit. Ibi cum palam eius anuli ad palmam converterat, a nullo videbatur, ipse autem omnia videbat; idem rursus videbatur, cum in locum anulum inverterat. Itaque hac oportunitate anuli usus regem dominum interemit, sustulit, quos obstare arbitrabatur, nec in his eum facinoribus quisquam potuit videre. Sic repente anuli beneficio rex exortus est Lydiae. Hunc igitur ipsum anulum si habeat sapiens, nihilo plus sibi

licere putet peccare, quam si non haberet; honesta enim
bonis viris, non occulta quaeruntur.

XII.

Sophocles ad summam senectutem tragoedias fecit;
quod propter studium cum rem neglegere familiarem
videretur, a filiis in iudicium vocatus est, ut, quem ad
modum nostro more male rem gerentibus patribus bonis
interdici solet, sic illum quasi desipientem a re familiari
removerent iudices. Tum senex dicitur eam fabulam,
quam in manibus habebat et proxime scripserat, Oedipum
Coloneum, recitasse iudicibus quaesisseque, num illud
carmen desipientis videretur. Que recitato sententiis
iudicum est liberatus.

XIII.

Mors terribilis iis, quorum cum vita omnia extin-
guuntur, non iis, quorum laus emori non potest, exilium
autem illis, quibus quasi circumscriptus est habitandi
locus, non iis, qui omnem orbem terrarum unam urbem
esse ducunt. Te miseriae, te aerumnae premunt omnes,
qui te beatum, qui te florentem putas, te tuae lubidines
torquent, tu dies noctesque cruciaris, cui nec sat est,
quod est, et id ipsum ne non diuturnum sit futurum,
times, te conscientiae stimulant maleficiorum tuorum, te
metus exanimant iudiciorum atque legum, quocumque
adspexisti, ut furiae sic tuae tibi occurrunt iniuriae, quae
te suspirare libere non sinunt. Quam ob rem, ut improbo
et stulto et inerti nemini bene esse potest, sic bonus vir
et sapiens et fortis miser esse nemo potest. Nec vero,
cuius virtus moresque laudandi sunt, eius non laudanda
vita est, neque porro fugienda vita est, quae laudanda
est; esset autem fugienda, si esset misera. Quam ob
rem, quicquid est laudabile, idem et beatum et florens et
expetendum videri decet.

XIV.

Postquam, ut dixi, senatus in Catonis sententiam dis-
cessit, consul optumum factu ratus noctem quae instabat

antecapere, ne quid eo spatio novaretur, triumviros quae [ad] supplicium postulabat, parare iubet. Ipse praesidiis dispositis Lentulum in carcerem deducit; idem fit ceteris per praetores. Est in carcere locus, quod Tullianum appellatur, ubi paululum ascenderis ad laevam, circiter duodecim pedes humi depressus; eum muniunt undique parietes atque insuper camera lapideis fornicibus iuncta; sed incultu tenebris odore foeda atque terribilis eius facies est. In eum locum postquam demissus est Lentulus, vindices rerum capitalium, quibus praeceptum erat, laqueo gulam fregere. Ita ille patricius ex gente clarissuma Corneliorum, qui consulare imperium Romae habuerat, dignum moribus factisque suis exitium vitae invenit. De Cethego Statilio Gabinio Caepario eodem modo supplicium sumptum est.

XV.

Ceterum mos partium popularium et senatus factionum ac deinde omnium malarum artium paucis ante annis Romae ortus est otio atque abundantia earum rerum, quae prima mortales ducunt. Nam ante Carthaginem deletam populus et senatus Romanus placide modesteque inter se rem publicam tractabant, neque gloriae neque dominationis certamen inter civis erat: metus hostilis in bonis artibus civitatem retinebat. Sed ubi illa formido mentibus decessit, scilicet ea, quae res secundae amant, lascivia atque superbia incessere. Ita quod in advorsis rebus optaverant otium, postquam adepti sunt, asperius acerbiusque fuit, namque coepere nobilitas dignitatem, populus libertatem in lubidinem vortere, sibi quisque ducere trahere rapere. Ita omnia in duas partis abstracta sunt, res publica, quae media fuerat, dilacerata. Ceterum nobilitas factione magis pollebat, plebis vis soluta atque dispersa in multitudine minus poterat. Paucorum arbitrio belli domique agitabatur; penes eosdem aerarium provinciae magistratus, gloriae triumphique erant: populus militia atque inopia urgebatur; praedas bellicas imperatores cum paucis diripiebant, interea parentes aut parvi liberi militum, uti quisque potentiori confinis erat, sedibus pellebantur.

XVI.

Non in alia re tamen damnosior quam in aedificando, domum a Palatio Esquilias usque fecit, quam primo transitoriam, mox incendio absumptam restitutamque auream nominavit. De cuius spatio atque cultu suffecerit haec retulisse. Vestibulum eius fuit, in quo colossus CXX pedum staret ipsius effigie; tanta laxitas, ut porticus triplices miliarias haberet; item stagnum maris instar, circumsaeptum aedificiis ad urbium speciem; rura insuper, arvis atque vinetis et pascis silvisque varia, cum multitudine omnis generis pecudum ac ferarum. In ceteris partibus cuncta auro lita, distincta gemmis unionumque conchis erant; caenationes laqueatae tabulis eburneis versatilibus, ut flores, fistulatis, ut unguenta desuper spargerentur; praecipua caenationum rotunda, quae perpetuo diebus ac noctibus vice mundi circumageretur; balineae marinis et albulis fluentes aquis. Eius modi domum cum absolutam dedicaret, hactenus comprobavit, ut se diceret quasi hominem tandem habitare coepisse.

XVII.

Tiberius, vim principatus sibi firmans, imaginem antiquitatis senatui praebebat, postulata provinciarum ad disquisitionem patrum mittendo. Crebrescebat enim Graecas per urbes licentia atque impunitas asyla statuendi; conplebantur templa pessimis servitiorum; eodem subsidio obaerati adversum creditores suspectique capitalium criminum receptabantur. Nec ullum satis validum imperium erat coërcendis seditionibus populi, flagitia hominum ut caerimonias deum protegentis. Igitur placitum ut mitterent civitates iura atque legatos. Et quaedam quod falso usurpaverant sponte omisere; multae vetustis superstitionibus aut meritis in populum Romanum fidebant. Magnaque eius diei species fuit, quo senatus maiorum beneficia, sociorum pacta, regum etiam, qui ante vim Romanam valuerant, decreta ipsorumque numinum religiones introspexit, libero, ut quondam, quid firmaret mutaretve.

XVIII. Luy 41

Romani ex arce plenam hostium urbem cernentes vagosque per vias omnes cursus, cum alia atque alia parte nova aliqua clades oreretur, non mentibus solum concipere sed ne auribus quidem atque oculis satis constare poterant. Quocumque clamor hostium, mulierum puerorumque ploratus, sonitus flammae et fragor ruentium tectorum avertisset, paventes ad omnia animos oraque et oculos flectebant, velut ad spectaculum a fortuna positi occidentis patriae nec ullius rerum suarum relicti praeterquam corporum vindices, tanto ante alios miserandi magis, qui umquam obsessi sunt, quod interclusi a patria obsidebantur omnia sua cernentes in hostium potestate. Nec tranquillior nox diem tam foede actum excepit; lux deinde noctem inquietam insecuta est, nec ullum erat tempus, quod a novae semper cladis alicuius spectaculo cessaret. Nihil tamen tot onerati atque obruti malis flexerunt animos, quin, etsi omnia flammis ac ruinis aequata vidissent, quamvis inopem parvumque quem tenebant collem libertati relictum virtute defenderent. Et iam, cum eadem cotidie acciderent, velut adsueti malis abalienaverant ab sensu rerum suarum animos arma tantum ferrumque in dextris velut solas reliquias spei suae intuentes.

XIX.

Talia agentem atque meditantem mors praevenit. De qua prius quam dicam, ea quae ad formam et habitum et cultum et mores, nec minus quae ad civilia et bellica eius studia pertineant non alienum erit summatim exponere.

Fuisse traditur excelsa statura, colore candido, teretibus membris, ore paulo pleniore, nigris vegetisque oculis, valitudine prospera; nisi quod tempore extremo repente animo linqui atque etiam per somnum exterreri solebat.

Comitiali quoque morbo bis inter res agendas correptus
est. Circa corporis curam morosior, ut non solùm ton-
deretur diligenter ac raderetur, sed velleretur etiam, ut
quidam exprobraverunt; calvitii vero deformitatem ini-
quissime ferret, saepe obtrectatorum iocis obnoxiam ex-
pertus. Idèoque et deficientem capillum revocare a
vertice adsueverat, et ex omnibus decretis sibi a senatu
populoque honoribus non aliud aut recepit aut usurpavit
libentius quam ius laureae coronae perpetuo gestandae.

Etiam cultu notabilem ferunt; usum enim lato clavo
ad manus fimbriato, nec ut umquam aliter quam super
eum cingeretur, et quidem fluxiore cinctura; undc ema-
nasse Sullac dictum optimates saepius admonentis, ut
male praecinctum puerum caverent.

XX.

Aestate quaedam flumina augentur, ut Nilus, cuius
alias ratio reddetur. Theophrastus est auctor, in Ponto
quoque quosdam amnes crescere tempore aestivo. Qua-
tuor esse iudicant causas: aut quia tunc maxime in
humorem mutabilis sit terra, aut quia maiores in remoto
imbres sint, quorum aqua per secretos cuniculos reddita
tacite adfunditur. Tertia: si crebrioribus ventis ostium
caeditur et reverberatur fluctu, amnis resistit, qui crescere videtur, quia non effunditùr. Quarta siderum ratio
est: haec enim quibusdam mensibus magis urgent et
exhauriunt flumina. Cum longius recesserunt, minus
consumunt atque trahunt. Itaque quod inpendio solebat, id incremento accedit. Quaedam flumina palam
in aliquem specum dëcidunt et sic ex oculis auferuntur,
quaedam consumuntur paulatim et intercidunt. Eadem
ex intervallo revertuntur recipiuntque et nomen et cursum. Causa manifesta est: sub terra vacat locus. Omnis
autem naturâ humor ad inferius et ad inane defertur.
Illo itaque recepta flumina cursus egere secreto, sed cum
primum aliquid solidi, quod obstaret, occurrit, perrupta
parte, quae minus ad exitum repugnabat, repetiere cursum suum.

Idem et in Oriente Tigris facit: absorbetur et deside-
ratus diu tandem e longe remoto loco, non tamen dubius
an idem sit, emergit. Quidam fontes certo tempore
purgamenta eiectant, ut Arethusa in Sicilia quinta quaque
aestate per Olympia. Inde opinio est Alpheon ex Achaia
eo usque penetrare et agere sub mare cursum nec ante
quam in Syracusano litore emergere: ideoque his diebus,
quibus Olympia sunt, victimarum stercus secundo tra-
ditum flumini illic redundare.

Est in Chersonesō Rhodiorum fons, qui post magnum
intervallum temporis foeda quaedam turbinibus ex intimo
fundat, donec liberatus eliquatusque est.

XXI.

Nepotatus sumptibus omnium prodigorum ingenia
superavit, commentus novum balnearum usum, porten-
tosissima genera ciborum atque caenarum, ut calidis
frigidisque unguentis lavaretur, pretiosissima margarita
aceto liquefacta sorberet, convivis ex auro panes et ob-
sonia apponeret, aut frugi hominem esse oportere dictitans
aut Caesarem. Quin et nummos non mediocris summae
e fastigio basilicae Iuliae per aliquot dies sparsit in
plebem. Fabricavit et deceris Liburnicas gemmatis
puppibus, versicoloribus velis, magna thermarum et por-
ticuum et tricliniorum laxitate magnaque etiam vitium
et pomiferarum arborum varietate; quibus discumbens
de die inter choros ac symphonias litora Campaniae
peragraret. In extructionibus praetoriorum atque villa-
rum, omni ratione posthabita, nihil tam efficere con-
cupiscebat quam quod posse effici negaretur. Et iactae
itaque moles infesto ac profundo mari, et excisae rupes
durissimi silicis, et campi montibus aggere aequati, et
complanata fossuris montium iuga, incredibili quidem
celeritate, cum morae culpa capite lueretur. Ac ne
singula enumerem, immensas opes, totumque illud Ti.
Caesaris vicies ac septies milies sestertium non toto ver-
tente anno absumpsit.

XXII.

Nostrae naves duae tardius cursu confecto in noctem
coniectae, cum ignorarent, quem locum reliquae cepis-
sent, contra Lissum in ancoris constiterunt. Has scaphis
minoribusque navigiis compluribus summissis Otacilius
Crassus, qui Lissi praeerat, expugnare parabat; simul de
deditione eorum agebat et incolumitatem deditis pol-
licebatur. Harum altera navis CCXX e legione tironum
sustulerat, altera ex veterana paulo minus CC. Hic cog-
nosci licuit, quantum esset hominibus praesidii in animi
firmitudine. Tirones enim multitudine navium perterriti
et salo nauseaque confecti iure iurando accepto, nihil iis
nocituros hostes, se Otacilio dediderunt; qui omnes ad
eum perducti contra religionem iuris iurandi in eius con-
spectu crudelissime interficiuntur. At veteranae legionis
milites, item conflictati et tempestatis et sentinae vitiis,
neque ex pristina virtute remittendum aliquid puta-
verunt, et tractandis condicionibus et simulatione dedi-
tionis extracto primo noctis tempore gubernatorem in
terram navem eicere cogunt, ipsi idoneum locum nacti
reliquam noctis partem ibi confecerunt et luce prima
missis ad eos ab Otacilio equitibus, qui eam partem orae
maritimae asservabant, circiter CCCC, quique eos armati
ex praesidio secuti sunt, se defenderunt et non nullis
eorum interfectis incolumes se ad nostros receperunt.

XXIII.

Interim certior factus P. Sulla, quem discedens castris
praefecerat Caesar, auxilio cohorti venit cum legionibus
duabus; cuius adventu facile sunt repulsi Pompeiani.
Neque vero conspectum aut impetum nostrorum tulerunt, primisque deiectis reliqui se verterunt et loco cesserunt. Sed insequentes nostros, ne longius proseque-
rentur, Sulla revocavit. At plerique existimant, si acrius
insequi voluisset, bellum eo die potuisse finire. Cuius
consilium reprehendendum non videtur. Aliae enim sunt
legati partes atque imperatoris: alter omnia agere ad

praescriptum, alter libere ad summam rerum consulere debet. Sulla a Caesare praesidio castris relictus liberatis suis hoc fuit contentus neque proelio decertare voluit, quae res tamen fortasse aliquem reciperet casum, ne imperatoris sibi partes sumpsisse videretur. Pompeianis magnam res ad receptum difficultatem afferebat. Nam ex iniquo progressi loco in summo constiterant: si per declive sese reciperent, nostros ex superiore insequentes loco verebantur; neque multum ad solis occasum temporis supererat: spe enim conficiendi negotii prope in noctem rem duxerant. Ita necessario atque ex tempore capto consilio Pompeius tumulum quendam occupavit, qui tantum aberat a nostro castello, ut telum tormentumve missum adigi non posset.

XXIV.

Nulla res per triennium nisi ad nutum istius iudicata est, nulla res cuiusquam tam patria atque avita fuit, quae non ab eo imperio istius abiudicaretur. Innumerabiles pecuniae ex aratorum bonis novo nefarioque instituto coactae, socii fidelissimi in hostium numero existimati, cives Romani servilem in modum cruciati et necati, homines nocentissimi propter pecunias iudicio liberati, honestissimi atque integerrimi absentes rei facti indicta causa damnati et eiecti, portus munitissimi, maximae tutissimaeque urbes piratis praedonibusque patefactae, nautae militesque Siculorum, socii nostri atque amici, fame necati, classes optimae atque oportunissimae cum magna ignominia populi Romani amissae et perditae. Idem iste praetor monumenta antiquissima partim regum locupletissimorum, quae illi ornamento urbibus esse voluerunt, partim etiam nostrorum imperatorum, quae victores civitatibus Siculis aut dederunt aut reddiderunt, spoliavit nudavitque omnia. Neque hoc solum in statuis ornamentisque publicis fecit, sed etiam delubra omnia sanctissimis religionibus consecrata depeculatus est, deum denique nullum Siculis, qui ei paulo magis affabre atque antiquo artificio factus videretur, reliquit.

XXV.

Scipio, ut prima luce qui in stationibus erant rettule-
runt profectos hostes, praemisso equitatu signa ferri
iubet; adeoque citato agmine ducti sunt, ut, si via recta
vestigia sequentes issent, haud dubie adsecuturi fuerint;
ducibus est creditum brevius aliud esse iter ad Baetim
fluvium, ut transeuntes adgrederentur. Hasdrubal
clauso transitu fluminis ad Oceanum flectit, et iam inde
fugientium modo effusi abibant. Itaque ab legionibus
Romanis aliquantum intervalli fecit, eques levisque arma-
tura nunc ab tergo nunc ab lateribus occurrendo fatiga-
bat morabaturque; sed cum ad crebros tumultus signa
consisterent et nunc equestria nunc cum velitibus auxiliis-
que peditum proelia consererent, supervenerunt legiones.
Inde non iam pugna sed trucidatio velut pecorum fieri,
donec ipse dux fugae auctor in proximos colles cum sex
milibus ferme semermium evasit; ceteri caesi captique.
Castra tumultuaria raptim Poeni tumulo editissimo
communiverunt atque inde, cum hostis nequiquam subire
iniquo ascensu conatus esset, haud difficulter sese tutati
sunt. Sed obsidio in loco nudo atque inopi vix in paucos
dies tolerabilis erat; itaque transitiones ad hostem fie-
bant. Postremo dux ipse navibus accitis—nec procul
inde aberat mare—nocte relicto exercitu Gades perfugit.
Scipio fuga ducis hostium audita decem milia peditum
mille equites relinquit Silano ad castrorum obsidionem;
ipse cum ceteris copiis septuagensimis castris protinus
causis regulorum civitatiumque cognoscendis, ut praemia
ad veram meritorum aestimationem tribui possent, Tarra-
conem rediit.

XXVI.

Vox autem ultra vires urgenda non est. Nam et
suffocatur saepe et maiore nisu minus clara est et interim
elisa in illum sonum erumpit, cui Graeci nomen a gallorum
immaturo cantu dederunt. Nec volubilitate nimia con-
fundenda, quae dicimus; qua et distinctio perit et affectus,
et nonnunquam etiam verba aliqua sui parte fraudantur.

Cui contrarium est vitium nimiae tarditatis; nam et difficultatem inveniendi fatetur et segnitia solvit animos et, in quo est aliquid, temporibus praefinitis aquam perdit. Promptum sit os, non praeceps; moderatum, non lentum. Spiritus quoque nec crebro receptus concidat sententiam, nec eo usque trahatur, donec deficiat. Nam et deformis est consumpti illius sonus et respiratio sub aqua diu pressi similis et receptus longior et non opportunus, ut qui fiat, non ubi volumus, sed ubi necesse est. Quare longiorem dicturis periodum colligendus est spiritus, ita tamen, ut id neque diu neque cum sono faciamus, neque omnino ut manifestum sit; reliquis partibus optime inter iuncturas sermonis revocabitur. Exercendus autem est, ut sit quam longissimus; quod Demosthenes ut efficeret, scandens in adversum continuabat quam posset plurimos versus. Idem, quo facilius verba ore libero exprimeret, calculos lingua volvens dicere domi solebat.

XXVII.

Agrippina ferociae memor "non miror" inquit "Silanam, numquam edito partu, matrum adfectus ignotos habere. Nec si Iturius et Calvisius adesis omnibus fortunis novissimam suscipiendae accusationis operam anui rependunt, ideo aut mihi infamia parricidii aut Caesari conscientia subeunda est. Nam Domitiae inimicitiis gratias agerem, si benevolentia mecum in Neronem meum certaret: nunc per Atimetum et histrionem Paridem quasi scaenae fabulas componit. Baiarum suarum piscinas extollebat, cum meis consiliis adoptio et proconsulare ius et designatio consulatus et cetera apiscendo imperio praepararentur. Aut exsistat qui cohortes in urbe temptatas, qui provinciarum fidem labefactatam, denique servos vel libertos ad scelus corruptos arguat. Vivere ego Britannico potiente rerum poteram? Ac si Plautus aut quis alius rem publicam iudicaturus obtinuerit, desunt scilicet mihi accusatores, qui non verba impatientia caritatis aliquando incauta, sed ea crimina obiciant, quibus nisi a filio absolvi non possim."

XXVIII. Livy 26

Postero die transgressus Anienem Hannibal in aciem
omnis copias eduxit; nec Flaccus consulesque certamen
detrectavere. Instructis utrimque exercitibus in eius
pugnae casum, in qua urbs Roma victori praemium esset,
imber ingens grandine mixtus ita utramque aciem tur-
bavit, ut vix armis retentis in castra sese receperint
nullius rei minore quam hostium metu. Et postero die
eodem loco acies instructas eadem tempestas diremit.
Ubi recepissent se in castra, mira serenitas cum tran-
quillitate oriebatur. In religionem ea res apud Poenos
versa est, auditaque vox Hannibalis fertur, potiundae
sibi urbis Romae modo mentem non dari, modo fortunam. Minuere etiam spem eius duae aliae, parva
magnaque, res: magna illa, quod, cum ipse ad moenia
urbis Romae armatus sederet, milites sub vexillis in
supplementum Hispaniae profectos audiit; parva autem,
quod per eos dies eum forte agrum, in quo ipse castra
haberet, venisse nihil ob id deminuto pretio cognitum ex
quodam captivo est. Id vero adeo superbum atque
indignum visum, eius soli, quod ipse bello captum possi-
deret haberetque, inventum Romae emptorem, ut extemplo vocato praecone tabernas argentarias, quae circa
forum Romanum essent, iusserit venire. His motus ad
Tutiam fluvium castra rettulit, sex milia passuum ab
urbe. Inde ad lucum Feroniae pergit ire, templum ea
tempestate inclutum divitiis. Capenates aliique, qui
accolae eius erant, primitias frugum eo donaque alia pro
copia portantes multo auro argentoque id exornatum
habebant.

XXIX. Livy 34

Saepe me querentem de feminarum saepe de virorum,
nec de privatorum modo sed etiam magistratuum sumptibus audistis; diversisque duobus vitiis, avaritia et
luxuria, civitatem laborare, quae pestes omnia magna
imperia everterunt. Haec ego, quo melior laetiorque in
dies fortuna rei publicae est, imperiumque crescit,—et

iam in Graeciam Asiamque transcendimus omnibus libidinum illecebris repletas, et regias etiam attrectamus gazas,—eo plus horreo, ne illae magis res nos ceperint quam nos illas. Infesta, mihi credite, signa ab Syracusis illata sunt huic urbi. Iam nimis multos audio Corinthi et Athenarum ornamenta laudantis mirantisque, et antefixa fictilia deorum Romanorum ridentis. Ego hos malo propitios deos, et ita spero futuros, si in suis manere sedibus patiemur. Patrum nostrorum memoria per legatum Cineam Pyrrhus non virorum modo sed etiam mulierum animos donis temptavit. Nondum lex Oppia ad coercendam luxuriam muliebrem lata erat: tamen nulla accepit. Quam causam fuisse censetis? Eadem fuit quae maioribus nostris nihil de hac re lege sanciendi. Nulla erat luxuria, quae coerceretur. Sicut ante morbos necesse est cognitos esse quam remedia eorum, sic cupiditates prius natae sunt quam leges, quae iis modum facerent. Quid legem Liciniam excitavit de quingentis iugeribus nisi ingens cupido agros continuandi? quid legem Cinciam de donis et muneribus, nisi quia vectigalis iam et stipendiaria plebs esse senatui coeperat? Itaque minime mirum est nec Oppiam nec aliam ullam tum legem desideratam esse, quae modum sumptibus mulierum faceret, cum aurum et purpuram data et oblata ultro non accipiebant.

XXX.

Sed mihi haec ac talia audienti in incerto iudicium est, fatone res mortalium et necessitate immutabili an forte volvantur. Quippe sapientissimos veterum quique sectam eorum aemulantur diversos reperies, ac multis insitam opinionem non initia nostri, non finem, non denique homines dis curae; ideo creberrime tristia in bonos, laeta apud deteriores esse. Contra alii fatum quidem congruere rebus putant, sed non e vagis stellis, verum apud principia et nexus naturalium causarum; ac tamen electionem vitae nobis relinquunt, quam ubi elegeris, certum imminentium ordinem. Neque mala vel bona, quae vulgus putet: multos, qui conflictari ad-

versis videantur, beatos, at plerosque quamquam magnas
per opes miserrimos, si illi gravem fortunam constanter
tolerent, hi prospera inconsulte utantur.   Ceterum plur-
imis mortalium non eximitur, quin primo cuiusque ortu
ventura destinentur, sed quaedam secus quam dicta sint
cadere, falaciis ignara dicentium: ita corrumpi fidem
artis, cuius clara documenta et antiqua aetas et nostra
tulerit.

XXXI. *Liv* 34

Venio nunc ad id de quo agitur.   In quo duplex consulis oratio fuit: nam et legem ullam omnino abrogari
est indignatus, et eam praecipue legem, quae luxuriae
muliebris coercendae causa lata esset.   Et illa communis
pro legibus visa consularis oratio est, et haec adversus
luxuriam severissimis moribus conveniebat.   Itaque periculum est, nisi quid in utraque re vani sit docuerimus,
ne quis error vobis offundatur.   Ego enim quem ad
modum ex iis legibus, quae non in tempus aliquod sed
perpetuae utilitatis causa in aeternum latae sunt, nullam
abrogari debere fateor, nisi quam aut usus coarguit, aut
status aliquis rei publicae inutilem fecit, sic quas tempora aliqua desiderarunt leges, mortales, ut ita dicam, et
temporibus ipsis mutabiles esse video.   Quae in pace
latae sunt, plerumque bellum abrogat, quae in bello,
pax, ut in navis administratione alia in secundam alia in
adversam tempestatem usui sunt.   Haec cum ita natura
distincta sint, ex utro tandem genere ea lex esse videtur
quam abrogamus?   Quippe vetus regia lex, simul cum
ipsa urbe nata; aut, quod secundum est, ab decemviris
ad condenda iura creatis in duodecim tabulis scripta, sine
qua cum maiores nostri non existimarint decus matronale
servari posse, nobis quoque verendum sit, ne cum ea
pudorem sanctitatemque feminarum abrogemus! Quis
igitur nescit novam istam legem esse, Q. Fabio et Ti.
Sempronio consulibus viginti ante annis latam? Sine qua
cum per tot annos matronae optimis moribus vixerint,
quod tandem, ne abrogata ea effundantur ad luxuriam,
periculum est? Nam si ista lex ideo lata esset, ut finiret

libidinem muliebrem, verendum foret, ne abrogata in-
citaret: cur sit autem lata, ipsum indicavit tempus.

XXXII.

Antiqua comoedia cum sinceram illam sermonis Attici
gratiam prope sola retinet, tum facundissimae libertatis,
etsi est insectandis vitiis praecipua, plurimum tamen
virium etiam in ceteris partibus habet. Nam et grandis
et elegans et venusta, et nescio an ulla, post Homerum
tamen, quem ut Achillem semper excipi par est, aut
similior sit oratoribus aut ad oratores faciendos aptior.
Plures eius auctores; Aristophanes tamen et Eupolis
Cratinusque praecipui. Tragoedias primus in lucem
Aeschylus protulit, sublimis et gravis et grandiloquus
saepe usque ad vitium, sed rudis in plerisque et incom-
positus; propter quod correctas eius fabulas in certamen
deferre posterioribus poetis Athenienses permiserunt,
suntque eo modo multi coronati. Sed longe clarius illus-
traverunt hoc opus Sophocles atque Euripides,· quorum
in dispari dicendi via uter sit poeta melior, inter plurimos
quaeritur. Idque ego sane, quoniam ad praesentem
materiam nihil pertinet, iniudicatum relinquo. Illud
quidem nemo non fateatur necesse est, iis, qui se ad
agendum comparant, utiliorem longe fore Euripiden.
Namque is et sermone (quod ipsum reprehendunt, quibus
gravitas et cothurnus et sonus Sophoclis videtur esse
sublimior) magis accedit oratorio generi et sententiis
densus et in iis, quae a sapientibus tradita sunt, paene
ipsis par, et dicendo ac respondendo cuilibet eorum, qui
fuerunt in foro diserti, comparandus; in affectibus vero
cum omnibus mirus tum in iis, qui miseratione constant,
facile praecipuus.

XXXIII.

Iam Tiberium corpus, iam vires, nondum dissimulatio
deserebat: idem animi rigor; sermone ac vultu intentus
quaesita interdum comitate quamvis manifestam defec-
tionem tegebat. Mutatisque saepius locis tandem apud
promunturium Miseni consedit in villa, cui L. Lucullus

quondam dominus. Illic eum adpropinquare supremis tali modo compertum. Erat medicus arte insignis, nomine Charicles, non quidem regere valetudines principis solitus, consilii tamen copiam praebere. Is velut propria ad negotia digrediens et per speciem officii manum complexus pulsum venarum attigit. Neque fefellit: nam Tiberius, incertum an offensus tantoque magis iram premens, instaurari epulas iubet discumbitque ultra solitum, quasi honori abeuntis amici tribueret. Charicles tamen labi spiritum nec ultra biduum duraturum Macroni firmavit. Inde cuncta conloquiis inter praesentes, nuntiis apud legatos et exercitus festinabantur. Septimum decimum kal. Aprilis interclusa anima creditus est mortalitatem explevisse; et multo gratantum concursu ad capienda imperii primordia Gaius Caesar egrediebatur, cum repente adfertur redire Tiberio vocem ac visus vocarique qui recreandae defectioni cibum adferrent. Pavor hinc in omnes, et ceteri passim dispergi, se quisque maestum aut nescium fingere; Caesar in silentium fixus a summa spe novissima expectabat. Macro intrepidus opprimi senem iniectu multae vestis iubet discedique ab limine. Sic Tiberius finivit octavo et septuagesimo aetatis anno.

XXXIV.

C. Caesar Pastoris splendidi equitis Romani filium cum in custodia habuisset munditiis eius et cultioribus capillis offensus, rogante patre ut salutem sibi filii concederet, quasi de supplicio admonitus duci protinus iussit. Ne tamen omnia inhumane faceret adversum patrem, ad coenam illum eo die invitavit. Venit Pastor voltu nihil exprobrante. Propinavit illi Caesar heminam et posuit illi custodem. Perduravit miser, non aliter quam si filii sanguinem biberet. Unguentum et coronas misit et observare iussit an sumeret: sumpsit. Eo die, quo filium extulerat, immo quo non extulerat, iacebat conviva centesimus et potiones vix honestas natalibus liberorum podagricus senex hauriebat, cum interim non lacrimam emisit, non dolorem aliquo signo erumpere passus est.

Coenavit tamquam pro filio exorasset. Quaeris, quare? habebat alterum. Quid ille Priamus? non dissimulavit iram et regis genua complexus est? funestam perfusamque cruore filii manum ad os suum retulit, coenavit? sed tamen sine unguento, sine coronis, et illum hostis saevissimus multis solatiis, ut cibum caperet, hortatus est, non ut pocula ingentia super caput posito custode siccaret. Contempsisses Romanum patrem, si sibi timuisset: nunc iram conpescuit pietas. Dignus fuit cui permitteret a convivio ad ossa filii legenda discedere. Ne hoc quidem permisit benignus interim et comis adulescens: propinationibus senem crebris, ut cura leniretur, admonens lacessebat. Contra ille se laetum et oblitum, quid eo actum esset die, praestitit. Perierat alter filius, si carnifici conviva non placuisset.

XXXV.

Sophonius Tigellinus obscuris parentibus, foeda pueritia, inpudica senecta, praefecturam vigilum et praetorii et alia praemia virtutum, quia velocius erat, vitiis adeptus, crudelitatem mox, deinde avaritiam, virilia scelera, exercuit, corrupto ad omne facinus Nerone, quaedam ignaro ausus, ac postremo eiusdem desertor ac proditor: unde non alium pertinacius ad poenam flagitaverunt, diverso adfectu, quibus odium Neronis inerat et quibus desiderium. Apud Galbam Titi Vinii potentia defensus, praetexentis servatam ab eo filiam. Haud dubie servaverat, non clementia, quippe tot interfectis, sed effugium in futurum, quia pessimus quisque diffidentia praesentium mutationem pavens adversus publicum odium privatam gratiam praeparat: unde nulla innocentiae cura, sed vices impunitatis. Eo infensior populus, addita ad vetus Tigellini odium recenti Titi Vinii invidia, concurrere ex tota urbe in Palatium ac fora, et ubi plurima vulgi licentia, in circum ac theatra effusi seditiosis vocibus strepere, donec Tigellinus accepto apud Sinuessanas aquas supremae necessitatis nuntio sectis novacula faucibus infamem vitam foedavit etiam exitu sero et inhonesto

XXXVI. (Livy)

Victoriam honestam ex hostibus partam turpe domi
de finibus sociorum iudicium populi deformavit.   Aricini
atque Ardeates de ambiguo agro cum saepe bello cer-
tassent, multis in vicem cladibus fessi iudicem populum
Romanum cepere.   Cum ad causam orandam venissent,
concilio populi a magistratibus dato magna contentione
actum.   Iamque editis testibus cum tribus vocari et
populum inire suffragium oporteret, consurgit P. Scaptius
de plebe magno natu, et "si licet" inquit, "consules, de
re publica dicere, errare ego populum in hac causa non
patiar."   Cum ut vanum eum negarent consules audien-
dum esse, vociferantemque prodi publicam causam sub-
moveri iussissent, tribunos appellat.   Tribuni, ut fere
semper reguntur a multitudine magis quam regunt, dedere
cupidae audiendi plebi, ut quae vellet Scaptius diceret.
Ibi infit, annum se tertium et octogesimum agere, et in
eo agro, de quo agitur, militasse non iuvenem, vicesima
iam stipendia merentem, cum ad Coriolos sit bellatum.
Eo rem se vetustate obliteratam, ceterum suae memoriae
infixam adferre: agrum, de quo ambigitur, finium Corio-
lanorum fuisse, captisque Coriolis iure belli publicum
populi Romani factum.   Mirari se, quonam more Ardeates
Aricinique, cuius agri ius numquam usurpaverint in-
columi Coriolana re, eum se a populo Romano, quem pro
domino iudicem fecerint, intercepturos sperent.   Sibi
exiguum vitae tempus superesse, non potuisse se tamen
inducere in animum, quin, quem agrum miles pro parte
virili manu cepisset, eum senex quoque voce, qua una
posset, vindicaret.   Magnopere se suadere populo, ne
inutili pudore suam ipse causam damnaret.

XXXVII.

Ipse, ut ferme intuta sunt adversa, cum fidem Car-
timanduae reginae Brigantum petivisset, vinctus ac vic-
toribus traditus est, nono post anno, quam bellum in
Britannia coeptum.   Unde fama eius evecta insulas et

proximas provincias pervagata per Italiam quoque cele-
brabatur, avebantque visere, quis ille tot per annos opes
nostras sprevisset. Ne Romae quidem ignobile Carataci
nomen erat; et Caesar dum suum decus extollit, addidit
gloriam victo. Vocatus quippe ut ad insigne spectaculum
populus: stetere in armis praetoriae cohortes campo, qui
castra praeiacet. Tunc incedentibus regiis clientelis
phalerae, torques quaeque bellis externis quaesiverat
traducta, mox fratres et coniunx et filia, postremo ipse
ostentatus. Ceterorum preces degeneres fuere ex metu:
at non Caratacus aut vultu demisso aut verbis miseri-
cordiam requirens, ubi tribunali adstitit, in hunc modum
locutus est.

XXXVIII.

Nos autem tenebras cogitemus tantas, quantae quondam eruptione Aetnaeorum ignium finitimas regiones
obscuravisse dicuntur, ut per biduum nemo hominem
homo agnosceret, cum autem tertio die sol inluxisset,
tum ut revixisse sibi viderentur. Quodsi hoc idem ex
aeternis tenebris contingeret, ut subito lucem aspicere-
mus, quaenam species caeli videretur? Sed adsiduitate
cotidiana et consuetudine oculorum adsuescunt animi
neque admirantur neque requirunt rationes earum rerum,
quas semper vident, proinde quasi novitas nos magis
quam magnitudo rerum debeat ad exquirendas causas
excitare. Quis enim hunc hominem dixerit, qui cum
tam certos caeli motus, tam ratos astrorum ordines tam-
que inter se omnia conexa et apta viderit, neget in his
ullam inesse rationem eaque casu fieri dicat, quae quanto
consilio gerantur, nullo consilio adsequi possumus? An,
cum machinatione quadam moveri aliquid videmus, ut
sphaeram, ut horas, ut alia permulta, non dubitamus,
quin illa opera sint rationis; cum autem impetum caeli
cum admirabili celeritate moveri vertique videamus con-
stantissime conficientem vicissitudines anniversarias cum
summa salute et conservatione rerum omnium, dubitamus, quin ea non solum ratione fiant, sed etiam

excellenti divinaque ratione? licet enim iam remota subtilitate disputandi oculis quodam modo contemplari pulchritudinem rerum earum, quas divina providentia dicimus constitutas.

XXXIX. Livy

Haec vociferante Horatio cum decemviri nec irae nec ignoscendi modum reperirent, nec quo evasura res esset cernerent, C. Claudi, qui patruus Appi decemviri erat, oratio fuit precibus quam iurgio similis, orantis per sui fratris parentisque eius manes, ut civilis potius societatis, in qua natus esset, quam foederis nefarie icti cum collegis meminisset. Multo id magis se illius causa orare quam rei publicae: quippe rem publicam, si a volentibus nequeat, ab invitis ius expetituram. Sed ex magno certamine magnas excitari ferme iras; earum eventum se horrere. Cum aliud praeterquam de quo retulissent, decemviri dicere prohiberent, Claudium interpellandi verecundia fuit. Sententiam igitur peregit nullum placere senatus consultum fieri. Omnesque ita accipiebant, privatos eos a Claudio iudicatos, multique ex consularibus verbo adsensi sunt. Alia sententia, asperior in speciem, vim minorem aliquanto habuit, quae patricios coire ad prodendum interregem iubebat. Censendo enim, quoscumque magistratus esse qui senatum haberent iudicabant, quos privatos fecerat auctor nullius senatus consulti faciendi. Ita labente iam causa decemvirorum L. Cornelius Maluginensis, M. Corneli decemviri frater, cum ex consularibus ad ultimum dicendi locum consulto servatus esset, simulando curam belli fratrem collegasque eius tuebatur, quonam fato incidisset mirari se dictitans, ut decemviros qui decemviratum petissent, aut socii, aut hi maxime oppugnarent; aut quid ita, cum per tot menses vacua civitate nemo, iustine magistratus summae rerum praeessent, controversiam fecerit, nunc demum, cum hostes prope ad portas sint, civilis discordias serant, nisi quod in turbido minus perspicuum fore putent, quid agatur.

XL. *Cary*

Et hoc et insequenti anno C. Sulpicio Petico C. Licinio Stolone consulibus pestilentia fuit. Eo nihil dignum memoria actum, nisi quod pacis deum exposcendae causa tertio tum post conditam urbem lectisternium fuit. Et cum vis morbi nec humanis consiliis nec ope divina levaretur, victis superstitione animis ludi quoque scaenici, nova res bellicoso populo—nam circi modo spectaculum fuerat—, inter alia caelestis irae placamina instituti dicuntur. Ceterum parva quoque, ut ferme principia omnia, et ea ipsa peregrina res fuit. Sine carmine ullo, sine imitandorum carminum actu ludiones ex Etruria acciti ad tibicinis modos saltantes haud indecoros motus more Tusco dabant. Imitari deinde eos iuventus, simul inconditis inter se iocularia fundentes versibus, coepere; nec absoni a voce motus erant. Accepta itaque res saepiusque usurpando excitata. Vernaculis artificibus, quia ister Tusco verbo ludius vocabatur, nomen histrionibus inditum, qui non, sicut ante, Fescennino versu similem incompositum temere ac rudem alternis iaciebant, sed impletas modis saturas descripto iam ad tibicinem cantu motuque congruenti peragebant. Livius post aliquot annos, qui ab saturis ausus est primus argumento fabulam serere, idem scilicet, id quod omnes tum erant, suorum carminum actor, dicitur, cum saepius revocatus vocem obtudisset, venia petita puerum ad canendum ante tibicinem cum statuisset, canticum egisse aliquanto magis vigente motu, quia nihil vocis usus inpediebat. Inde ad manum cantari histrionibus coeptum diverbiaque tantum ipsorum voci relicta. Postquam lege hac fabularum ab risu ac soluto ioco res avocabatur et ludus in artem paulatim verterat, iuventus histrionibus fabellarum actu relicto ipsa inter se more antiquo ridicula intexta versibus iactitare coepit, quae exodia postea appellata consertaque fabellis potissimum Atellanis sunt. Quod genus ludorum ab Oscis acceptum tenuit iuventus, nec ab histrionibus pollui passa est: eo institutum manet, ut actores Atellanarum nec tribu noveantur et stipendia, tamquam expertes artis ludicrae,

faciant. Inter aliarum parva principia rerum ludorum
quoque prima origo ponendà visa est, ut appareret, quam
ab sano initio res in hanc vix opulentis regnis tolerabilem
insaniam venerit.

XLI.

Magnum ingenium L. Luculli magnumque optimarum
artium studium, tum omnis liberalis et digna homine
nobili ab eo percepta doctrina, quibus temporibus florere
in foro maxime potuit, caruit omnino rebus urbanis. Ut
enim admodum adulescens cum fratre pari pietate et
industria praedito paternas inimicitias magna cum gloria
est persecutus, in Asiam quaestor profectus ibi permultos
annos admirabili quadam laude provinciae praefuit;
deinde absens factus aedilis, continuo praetor (licebat
enim celerius legis praemio), post in Africam, inde ad
consulatum, quem ita gessit, ut diligentiam admirarentur
omnes, ingenium agnoscerent. Post ad Mithridaticum
bellum missus a senatu non modo opinionem vicit
omnium, quae de virtute eius erat, sed etiam gloriam
superiorum; idque eo fuit mirabilius, quod ab eo laus
imperatoria non admodum exspectabatur, qui adules-
centiam in forensi opera, quaesturae diuturnum tempus
Murena bellum in Ponto gerente in Asia in pace con-
sumpserat. Sed incredibilis quaedam ingenii magnitudo
non desideravit indocilem usus disciplinam. Itaque cum
totum iter et navigationem consumpsisset partim in per-
contando a peritis, partim in rebus gestis legendis, in
Asiam factus imperator venit, cum esset Roma profectus
rei militaris rudis. Habuit enim divinam quandam
memoriam rerum; verborum maiorem Hortensius; sed
quo plus in negotiis gerendis res quam verba prosunt,
hoc erat memoria illa praestantior; quam fuisse in
Themistocle, quem facile Graeciae principem ponimus,
singularem ferunt; qui quidem etiam pollicenti cuidam
se artem ei memoriae, quae tum primum proferebatur,
traditurum respondisse dicitur oblivisci se malle discere,
credo, quod haerebant in memoria, quaecumque audierat
et viderat.

XLII.

Librum tuum legi et quam diligentissime potui adnotavi quae commutanda, quae eximenda arbitrarer. Nam et ego verum dicere adsuevi et tu libenter audire. Neque enim ulli patientius reprehenduntur quam qui maxime laudari merentur. Nunc a te librum meum cum adnotationibus tuis exspecto. O iucundas, o pulchras vices! Quam me delectat quod, si qua posteris cura nostri, usquequaque narrabitur qua concordia simplicitate fide vixerimus! Erit rarum et insigne duos homines aetate dignitate propemodum aequales, non nullius in litteris nominis (cogor enim de te quoque parcius dicere, quia de me simul dico), alterum alterius studia fovisse. Equidem adulescentulus, cum iam tu fama gloriaque floreres, te sequi, tibi longo sed proximus intervallo et esse et haberi concupiscebam. Et erant multa clarissima ingenia; sed tu mihi (ita similitudo naturae ferebat) maxime imitabilis, maxime imitandus videbaris. Quo magis gaudeo quod, si quis de studiis sermo, una nominamur, quod de te loquentibus statim occurro. Nec desunt qui utrique nostrum praeferantur. Sed nos, nihil interest mea quo loco, iungimur: nam mihi primus qui a te proximus. Quin etiam in testamentis debes adnotasse: nisi quis forte alterutri nostrum amicissimus, eadem legata et quidem pariter accipimus. Quae omnia huc spectant ut invicem ardentius diligamus, cum tot vinculis nos studia, mores, fama, suprema denique hominum iudicia constringant.

XLIII.

Is et ipse scripsit multa praeclare et docuit alios; et cum cetera melius quam superiores tum primus intellexit etiam in soluta oratione, dum vorsum effugeres, modum tamen et numerum quemdam oportere servari. Ante hunc enim verborum quasi structura et quaedam ad numerum conclusio nulla erat aut, si quando erat, non apparebat eam dedita opera esse quaesitam—quae forsitan laus sit, verum tamen natura magis tum casuque, nun-

quam aut ratione aliqua aut ulla observatione fiebat.
Ipsa enim natura circumscriptione quadam verborum
comprehendit concluditque sententiam, quae cum aptis
constricta verbis est, cadit etiam plerumque numerose.
Nam et aures ipsae quid plenum, quid inane sit iudicant
et spiritu quasi necessitate aliqua verborum comprensio
terminatur; in quo non modo defici, sed etiam laborare
turpe est. Tum fuit Lysias ipse quidem in causis foren-
sibus non versatus, sed egregie subtilis scriptor atque
elegans, quem iam prope audeas oratorem perfectum
dicere. Nam plane quidem perfectum et quoi nihil
admodum desit Demosthenem facile dixeris. Nihil acute
inveniri potuit in eis causis quas scripsit, nihil, ut ita
dicam, subdole, nihil versute, quod ille non viderit;
nihil subtiliter dici, nihil presse, nihil enucleate, quo fieri
possit aliquid limatius; nihil contra grande, nihil incita-
tum, nihil ornatum vel verborum gravitate vel senten-
tiarum, quo quicquam esset elatius. Huic Hyperides
proxumus et Aeschines fuit et Lycurgus et Dinarchus et
is, cuius nulla extant scripta, Demades aliique plures.
Haec enim aetas effudit hanc copiam; et, ut opinio mea
fert, sucus ille et sanguis incorruptus usque ad hanc
aetatem oratorum fuit, in qua naturalis inesset, non
fucatus nitor.

XLIV.

Et hoc loco Scaevolam dixisti causam apud centumviros non tenuisse; quem ego antea commemoravi, cum
idem faceret, quod tu nunc, tametsi ille in aliqua causa
faciebat, tu in nulla facis, tamen probasse nemini, quod
defendebat, quia verbis oppugnare aequitatem videbatur.
Cum id miror, te hoc in hac re alieno tempore et contra,
quam ista causa postulasset, defendisse, tum illud vulgo
in iudiciis et non numquam ab ingeniosis hominibus
defendi mihi mirum videri solet, nec iuris consultis
concedi nec ius civile in causis semper valere oportere.
Nam hoc qui disputant, si id dicunt, non recte aliquid
statuere eos, qui consulantur, non hoc debent dicere,
iuris consultis, sed hominibus stultis obtemperari non

oportere; sin illos recte respondere concedunt et aliter
iudicari dicunt oportere, male iudicari oportere dicunt;
neque enim fieri potest, ut aliud iudicari de iure, aliud
responderi oporteat, nec ut quisquam iuris numeretur
peritus, qui id statuat esse ius, quod non oporteat iudicari. "At est aliquando contra iudicatum." Primum
utrum recte an perperam? Si recte, id fuit ius, quod
iudicatum est; sin aliter, non dubium est, utrum iudices
an iuris consulti vituperandi sint. Deinde, si de iure
vario quippiam iudicatum est, non potius contra iuris
consultos statutum est, si aliter pronuntiatum est, ac
Mucio placuit, quam ex eorum auctoritate, si, ut Manilius
statuebat, sic est iudicatum. Etenim ipse Crassus non
ita causam apud centumviros egit, ut contra iuris consultos diceret, sed ut hoc doceret, illud, quod Scaevola
defendebat, non esse iuris, et in eam rem non solum
rationes adferret, sed etiam Q. Mucio, socero suo, multis-
que peritissimis hominibus auctoribus uteretur.

XLV.

Cum plerique arbitrentur res bellicas maiores esse
quam urbanas, minuenda est haec opinio. Multi enim
bella saepe quaesiverunt propter gloriae cupiditatem,
atque id in magnis animis ingeniisque plerumque con-
tingit, eoque magis, si sunt ad rem militarem apti et
cupidi bellorum gerendorum; vere autem si volumus
iudicare, multae res extiterunt urbanae maiores clario-
resque quam bellicae. Quamvis enim Themistocles iure
laudetur et sit eius nomen quam Solonis inlustrius cite-
turque Salamis clarissimae testis victoriae, quae ante-
ponatur consilio Solonis ei, quo primum constituit Ario-
pagitas, non minus praeclarum hoc quam illud iudican-
dum est; illud enim semel profuit, hoc semper proderit
civitati; hoc consilio leges Atheniensium, hoc maiorum
instituta servantur; et Themistocles quidem nihil dixerit,
in quo ipse Areopagum adiuverit, at ille vere a se adiu-
tum Themistoclem; est enim bellum gestum consilio
senatus eius, qui a Solone erat constitutus. Licet eadem

de Pausania Lysandroque dicere, quorum rebus gestis quamquam imperium Lacedaemoniis partum putatur, tamen ne minima quidem ex parte Lycurgi legibus et disciplinae conferendi sunt; quin etiam ob has ipsas causas et parentiores habuerunt exercitus et fortiores. Mihi quidem neque pueris nobis M. Scaurus C. Mario neque, cum versaremur in re publica, Q. Catulus Cn. Pompeio cedere videbatur; parvi enim sunt foris arma, nisi est consilium domi; nec plus Africanus, singularis et vir et imperator, in excindenda Numantia rei publicae profuit quam eodem tempore P. Nasica privatus, cum Ti. Gracchum interemit; quamquam haec quidem res non solum ex domestica est ratione (attingit etiam bellicam, quoniam vi manuque confecta est), sed tamen id ipsum est gestum consilio urbano sine exercitu. Illud autem optimum est, in quod invadi solere ab improbis et invidis audio:

Cedant arma togae, concedat laurea laudi.

Ut enim alios omittam, nobis rem publicam gubernantibus nonne togae arma cesserunt? neque enim periculum in re publica fuit gravius umquam nec maius otium. Ita consiliis diligentiaque nostra celeriter de manibus audacissimorum civium delapsa arma ipsa ceciderunt. Quae res igitur gesta umquam in bello tanta? qui triumphus conferendus? licet enim mihi, M. fili, apud te gloriari, ad quem et hereditas huius gloriae et factorum imitatio pertinet. Mihi quidem certe vir abundans bellicis laudibus, Cn. Pompeius, multis audientibus hoc tribuit, ut diceret frustra se triumphum tertium deportaturum fuisse, nisi meo in rem publicam beneficio, ubi triumpharet, esset habiturus. Sunt igitur domesticae fortitudines non inferiores militaribus; in quibus plus etiam quam in his operae studiique ponendum est.

VERSE EXTRACTS.

I.

Nunc, fabularum cur sit inventum genus,
Brevi docebo.   Servitus obnoxia,
Quia quae volebat non audebat dicere,
Adfectus proprios in fabellas transtulit
Calumniamque fictis elusit iocis.
Ego porro illius semita feci viam,
Et cogitavi plura quam reliquerat,
In calamitatem deligens quaedam meam.
Quod si accusator alius Seiano foret,
Si testis alius, iudex alius denique,
Dignum faterer esse me tantis malis,
Nec his dolorem delenirem remediis.
Suspitione siquis errabit sua
Et rapiet ad se, quod erit commune omnium,
Stulte nudabit animi conscientiam.
Huic excusatum me velim nihilo minus:
Neque enim notare singulos mens est mihi,
Verum ipsam vitam et mores hominum ostendere.

II.

Quid tibi cum Ponto? num te quoque Caesaris ira
Extremam gelidi misit in orbis humum?
Scilicet expectas solitum tibi moris honorem,
Pendeat ex umeris vestis ut alba meis,
Fumida cingatur florentibus ara coronis,
Micaque sollemni turis in igne sonet,
Libaque dem proprie genitale notantia tempus,
Concipiamque bonas ore favente preces?
Non ita sum positus, nec sunt ea tempora nobis,
Adventu possim laetus ut esse tuo.
Funeris ara mihi, ferali cincta cupressu,
Convenit et structis fiamma parata rogis.
Nec dare tura libet nil exorantia divos,
In tantis subeunt nec bona verba malis.

Si tamen est aliquid nobis hac luce petendum,
In loca ne redeas amplius ista, precor,
Dum me terrarum pars paene novissima, Pontus,
Euxinus falso nomine dictus, habet.

III.

Lugete, o Veneres Cupidinesque,
Et quantumst hominum venustiorum,
Passer mortuus est meae puellae,
Passer, deliciae meae puellae,
Quem plus illa oculis suis amabat:
Nam mellitus erat suamque norat
Ipsa tam bene quam puella matrem
Nec sese a gremio illius movebat,
Sed circumsiliens modo huc modo illuc
Ad solam dominam usque pipiabat.
Qui nunc it per iter tenebricosum
Illuc, unde negant redire quemquam.
At vobis male sit, malae tenebrae
Orci, quae omnia bella devoratis:
Tam bellum mihi passerem abstulistis.
O factum male! io miselle passer!
Tua nunc opera meae puellae
Flendo turgiduli rubent ocelli.

IV.

O mihi post nullos, Iuli, memorande sodales,
  Si quid longa fides canaque iura valent,
Bis iam paene tibi consul tricesimus instat,
  Et numerat paucos vix tua vita dies.
Non bene distuleris videas quae posse negari,
  Et solum hoc ducas, quod fuit, esse tuum.
Expectant curaeque catenatique labores,
  Gaudia non remanent, sed fugitiva volant.
Haec utraque manu complexuque assere toto:
  Saepe fluunt imo sic quoque lapsa sinu.
Non est, crede mihi, sapientis dicere "Vivam":
  Sera nimis vita est crastina: vive hodie.

V.

Caelo supinas si tuleris manus
Nascente luna, rustica Phidyle,
   Si ture placaris et horna
      Fruge Lares avidaque porca;

Nec pestilentem sentiet Africum
Fecunda vitis nec sterilem seges
   Robiginem aut dulces alumni
      Pomifero grave tempus anno.

Nam quae nivali pascitur Algido
Devota quercus inter et ilices
   Aut crescit Albanis in herbis ·
      Victima, pontificum secures

Cervice tinguet: te nihil attinet
Temptare multa caede bidentium
   Parvos coronantem marino
      Rore deos fragilique myrto.

Inmunis aram si tetigit manus,
Non sumptuosa blandior hostia,
   Mollivit aversos Penates
      Farre pio et saliente mica.

VI.

Psittacus, Eois imitatrix ales ab Indis,
   Occidit: exequias ite frequenter, aves;
Ite, piae volucres, et plangite pectora pinnis
   Et rigido teneras ungue notate genas;
Horrida pro maestis lanietur pluma capillis,
   Pro longa resonent carmina vestra tuba!
Quod scelus Ismarii quereris, Philomela, tyranni,
   Expletast annis ista querela suis;
Alitis in rarae miserum devertere funus:
   Magna, sed antiquast causa doloris Itys.
Omnes, quae liquido libratis in aere cursus,
   Tu tamen ante alios, turtur amice, dole!

Plena fuit vobis omni concordia vita,
    Et stetit ad finem longa tenaxque fides:
Quod fuit Argolico iuvenis Phoceus Orestae,
    Hoc tibi, dum licuit, psittace, turtur erat.
Quid tamen ista fides, quid rari forma coloris,
    Quid vox mutandis ingeniosa sonis,
Quid iuvat, ut datus es, nostrae placuisse puellae?
    Infelix, avium gloria, nempe iaces!
Tu poteras fragiles pinnis hebetare zmaragdos
    Tincta gerens rubro Punica rostra croco.
Non fuit in terris vocum simulantior ales:
    Reddebas blaeso tam bene verba sono!

VII.

Nunc etiam infectos demens imitare Britannos,
    Ludis et externo tincta nitore caput?
Vt natura dedit, sic omnis recta figurast:
    Turpis Romano Belgicus ore color.
Illi sub terris fiant mala multa puellae,
    Quae mentita suas vertit inepta comas
De me, mi certe poteris formosa videri;
    Mi formosa sat es, si modo saepe venis.
An si caeruleo quaedam sua tempora fuco
    Tinxerit, idcirco caerula forma bonast?
Cum tibi nec frater nec sit tibi filius ullus,
    Frater ego et tibi sim filius unus ego.
Ipse tuus semper tibi sit custodia lectus,
    Nec nimis ornata fronte sedere velis.
Credam ego narranti, noli conmittere, famae:
    Et terram rumor transilit et maria.

VIII.

Ista decens facies longis vitiabitur annis,
Rugaque in antiqua fronte senilis erit;
Inicietque manum formae damnosa senectus,
Quae strepitum passu non faciente venit;
Cumque aliquis dicet "Fuit haec formosa", dolebis,
Et speculum mendax esse querere tuum.

Sunt tibi opes modicae, cum sis dignissima magnis:
Finge sed inmensis censibus esse parse;
Nempe dat id, quodcumque libet, fortuna rapitque;
Irus et est subito, qui modo Croesus erat.
Singula quid referam? nil non mortale tenemus
Pectoris exceptis ingeniique bonis.
En ego, cum caream patria vobisque domoque,
Raptaque sint, adimi quae potuere mihi,
Ingenio tamen ipse meo comitorque fruorque:
Caesar in hoc potuit iuris habere nihil.

IX.

Memnona si mater, mater ploravit Achillem,
  Et tangunt magnas tristia fata deas,
Flebilis indignos, Elegeia, solve capillos!
  A! nimis ex vero nunc tibi nomen erit:
Ille tui vates operis, tua fama, Tibullus
  Ardet in extructo, corpus inane, rogo.
Ecce, puer Veneris fert eversamque pharetram
  Et fractos arcus et sine luce facem;
Adspice, demissis ut eat miserabilis alis
  Pectoraque infesta tundat aperta manu;
Excipiunt lacrimas sparsi per colla capilli,
  Oraque singultu concutiente sonant:
Fratris in Aeneae sic illum funere dicunt
  Egressum tectis, pulcher Iule, tuis;
Nec minus est confusa Venus moriente Tibullo,
  Quam iuveni rupit cum ferus inguen aper.
At sacri vates et divum cura vocamur;
  Sunt etiam, qui nos numen habere putent.
Scilicet omne sacrum mors importuna profanat,
  Omnibus obscuras inicit illa manus!
Quid pater Ismario, quid mater profuit Orpheo?
  Carmine quid victas obstipuisse feras?
Et Linon in silvis idem pater 'aelinon!' altis
  Dicitur invita concinuisse lyra.

X.

Dum aes exigitur, dum mula ligatur,
Tota abit hora.   Mali culices ranaeque palustres
Avertunt somnos.   Absentem ut cantat amicam
Multa pròlutus vappa nauta atque viator
Certatim, tandem fessus dormire viator
Incipit, ac missae pastum retinacula mulae
Nauta piger saxo religat stertitque supinus.
Iamque dies aderat, nil cum procedere lintrem
Sentimus, donec cerebrosus prosilit unus
Ac mulae nautaeque caput lumbosque saligno
Fuste dolat: quarta vix demum exponimur hora.
Ora manusque tua lavimus, Feronia, lympha;
Milia tum pransi tria repimus atque subimus
Inpositum saxis late candentibus Anxur.
Huc venturus erat Maecenas optimus atque
Cocceius, missi magnis de rebus uterque
Legati, aversos soliti conponere amicos.

XI.

Mos erat Hesperio in Latio, quem protinus urbes
Albanae coluere sacrum, nunc maxima rerum
Roma colit, cum prima movent in proelia Martem,
Sive Getis inferre manu lacrimabile bellum
Hyrcanisve Arabisve parant sèu tendere ad Indos·
Auroramque sequi Parthosque reposcere signa.
Sunt geminae belli portae (sic nomine dicunt)
Religione sacrae et saevi formidine Martis;
Centum aerei claudunt vectes aeternaque ferri
Robora, nec custos`absistit limine Ianus:
Has, ubi certa sedet patribus sententia pugnae,
Ipse Quirinali trabea cinctuque Gabino
Insignis reserat stridentia limina consul,
Ipse vocat pugnas; sequitur tum cetera pubes,
Aereaque adsensu conspirant cornua rauco.
Noc et tum Aeneadis indicere bella Latinus
More iubebatur tristisque recludere portas.
Abstinuit tactu pater aversusque refugit

Foeda ministeria et caecis se condidit umbris.
Tum regina deum caelo delapsa morantis
Impulit ipsa manu portas, et cardine verso
Belli ferratos rumpit Saturnia postes.
Ardet inexcita Ausonia atque immobilis ante:
Signaque ferre iuvat sonitusque audire tubarum.

XII.

Troasin invideo, quae si lacrimosa suorum
   Funera conspicient, nec procul hostis erit:
Ipsa suis manibus forti nova nupta marito
   Inponet galeam Dardanaque arma dabit;
Arma dabit, dumque arma dabit, simul oscula sumet
   (Hoc genus officii dulce duobus erit)
Producetque virum dabit et mandata reverti
   Et dicet 'referas ista fac arma Iovi!'
Ille ferens dominae mandata recentia secum
   Pugnabit caute respicietque domum;
Exuet haec reduci clipeum galeamque resolvet
   Excipietque suo corpora lassa sinu.
Nos sumus incertae, nos anxius omnia cogit,
   Quae possunt fieri, facta putare timor.
Dum tamen arma geres diverso miles in orbe,
   Quae referat vultus est mihi cera tuos:
Illi blanditias, illi tibi debita verba
   Dicimus, amplexus accipit illa meos.

XIII.

Desine, Paulle, meum lacrimis urgere sepulchrum:
   Panditur ad nullas ianua nigra preces.
Cum semel infernas intrarunt funera leges,
   Non exorato stant adamante viae.
Te licet orantem fuscae deus audiat aulae:
   Nempe tuas lacrimas littora surda bibent.
Vota movent superos: ubi portitor aera recepit,
   Obserat umbrosos lurida porta rogos.
Sic maestae cecinere tubae, cum subdita nostrum
   Detraheret lecto fax inimica caput.

Quid mihi coniugium Paulli, quid currus avorum
    Profuit aut famae pignora tanta meae?
Num minus inmites habui Cornelia Parcas?
    En sum, quod digitis quinque levatur, onus.
Damnatae. noctes et vos vada lenta paludes,
    Et quaecumque meos implicat unda pedes,
Inmatura licet, tamen huc non noxia veni:
    Det pater hic umbrae mollia iura meae.
Aut siquis posita iudex sedet Aeacus urna,
    Is mea sortita vindicet ossa pila:
Adsideant fratres iuxta et Minoida sellam
    Eumenidum intento turba severa foro.
Sisyphe, molo vaces, taceant Ixionis orbes,
    Fallax Tantaleo corripere ore liquor,
Cerberus et nullas hodie petat improbus umbras,
    Et iaceat tacita lapsa catena sera.
Ipsa loquar pro me: si fallo, poena sororum
    Infelix umeros urgeat urna meos.

XIV.

Iamque propinquabant castris murosque subibant,
Cum procul hos laevo flectentis limite cernunt
Et galea Euryalum sublustri noctis in umbra
Prodidit inmemorem radiisque adversa refulsit.
Haud temere est visum. Conclamat ab agmine Volcens:
"State, viri. Quae causa viae? quive estis in armis?
Quove tenetis iter?" Nihil illi tendere contra,
Sed celerare fugam in silvas et fidere nocti.
Obiciunt equites sese ad divortia nota
Hinc atque hinc omnemque abitum custode coronant.
Silva fuit late dumis atque ilice nigra
Horrida, quam densi complerant undique sentes;
Rara per occultos lucebat semita calles.
Euryalum tenebrae ramorum onerosaque praeda
Impediunt fallitque timor regione viarum;
Nisus abit. Iamque imprudens evaserat hostis
Atque locos, qui post Albae de nomine dicti
Albani (tum rex stabula alta Latinus habebat):
Ut stetit et frustra absentem respexit amicum.

"Euryale infelix, qua te regione reliqui?
Quave sequar, rursus perplexum iter omne revolvens
Fallacis silvae?" Simul et vestigia retro
Observata legit dumisque silentibus errat.

XV.

O funde noster seu Sabine seu Tiburs,
(Nam te esse Tiburtem autumant, quibus non est
Cordi Catullum laedere: at quibus cordist,
Quovis Sabinum pignore esse contendunt)
Sed seu Sabine sive verius Tiburs,
Fui libenter in tua suburbana
Villa malamque pectore expuli tussim,
Non inmerenti quam mihi meus venter,
Dum sumptuosas adpeto, dedit, cenas.
Nam, Sestianus dum volo esse conviva,
Orationem in Antium petitorem
Plenam veneni et pestilentiae legi.
Hic me gravido frigida et frequens tussis
Quassavit usque dum in tuum sinum fugi
Et me recuravi otioque et urtica.
Quare refectus maximas tibi grates
Ago, meum quod non es ulta peccatum.
Nec deprecor iam, si nefaria scripta
Sesti recepso, quin gravidinem et tussim
Non mi, sed ipsi Sestio ferat frigus,
Qui tum vocat me, cum malum librum legi.

XVI.

Est nitidus vitroque magis perlucidus omni
  Fons sacer (hunc multi numen habere putant),
Quem supra ramos expandit aquatica lotos,
  Una nemus; tenero caespite terra viret:
Hic ego cum lassos posuissem fletibus artus,
  Constitit ante oculos naias una meos;
Constitit et dixit 'quoniam non ignibus aequis
  Ureris, Ambraciast terra petenda tibi;
Phoebus ab excelso, quantum patet, adspicit aequor
  (Actiacum populi Leucadiumque vocant):

Hinc se Deucalion Pyrrhae succensus amore
    Misit et inlaeso corpore pressit aquas;
Nec mora, versus amor tetigit lentissima Pyrrhae
    Pectora, Deucalion igne levatus erat.
Hanc legem locus ille tenet.   Pete protinus altam
    Leucada nec saxo desiluisse time!'
Ut monuit, cum voce abiit; ego territa surgo,
    Nec gravidae lacrimas continuere genae.

XVII.

Iamque irae patuere deûm, manifestaque belli
Signa dedit mundus: legesque et foedera rerum
Praescia monstrifero vertit natura tumultu,
Indixitque ·nefas.   Cur hanc tibi, rector Olympi,
Sollicitis visum mortalibus addere curam,
Noscant venturas ut dira per omina clades?
Sive parens rerum quum primum informia regna
Materiemque rudem fiamma cedente recepit,
Finxit in aeternum causas, qua cuncta coercet,
Se quoque lege tenens, et saecula iussa ferentem
Fatorum immoto divisit limite mundum:
Sive nihil positum est, sed Fors incerta vagatur,
Fertque refertque vices, et habet mortalia casus:
Sit subitum, quodcumque paras: sit caeca futuri
Mens hominum fati: liceat sperare timenti.
    Ergo ubi concipiunt, quantis sit cladibus orbi
Constatura fides superum, ferale per urbem
Iustitium: latuit plebeio tectus amictu
Omnis honos: nullos comitata est purpura fasces.
Tunc questus tenuere suos, magnusque per omnes
Errabat sine voce dolor.

XVIII.

Gratus Alexandro regi Magno fuit ille
Choerilus, incultis qui versibus et male natis
Rettulit acceptos, regale nomisma, Philippos.
Sed veluti tractata notam labemque remittunt
Atramenta, fere scriptores carmine foedo

Splendida facta linunt.   Idem rex ille, poema
Qui tam ridiculum tam care prodigus emit,
Edicto vetuit, nequis se praeter Apellem
Pingeret, aut alius Lysippo duceret aera
Fortis Alexandri voltum simulantia.   Quodsi
Iudicium subtile videndis artibus illud
Ad libros et ad haec Musarum dona vocares:
Boeotum in crasso iurares aere natum.
At neque dedecorant tua de se iudicia atque
Munera, quae multa dantis cum laude tulerunt
Dilecti tibi Vergilius Variusque poetae,
Nec magis expressi voltus per ahenea signa,
Quam per vatis opus mores animique virorum
Clarorum adparent.

XIX.

Talia dicentem nervosque ad verba moventem
Exsangues flebant animae: nec Tantalus undam
Captavit refugam, stupuitque Ixionis orbis,
Nec carpsere iecur volucres, urnisque vacarunt
Belides, inque tuo sedisti, Sisyphe, saxo.
Tunc primum lacrimis victarum carmine fama est
Eumenidum maduisse genas.   Nec regia coniunx
Sustinet oranti, nec qui regit ima, negare
Eurydicenque vocant.   Umbras erat illa recentes
Inter, et incessit passu de vulnere tardo.
Hanc simul et legem Rhodopeïus accipit Orpheus,
Ne flectat retro sua lumina, donec Avernas
Exierit valles; aut irrita dona futura.
Carpitur acclivis per muta silentia trames,
Arduus, obscurus, caligine densus opaca.
Nec procul afuerunt telluris margine summae:
Hic, ne deficeret, metuens, avidusque videndi,
Flexit amans oculos: et protinus illa relapsa est,
Bracchiaque intendens prendique et prendere certus
Nil nisi cedentes infelix arripit auras.
Iamque iterum moriens non est de coniuge quicquam
Questa suo: quid enim nisi se quereretur amatam?

Supremumque vale, quod iam vix auribus ille
Acciperet, dixit, revolutaque rursus eodem est.

XX.

Vt proficiscentem docui te saepe diuque,
Augusto reddes signata volumina, Vini,
Si validus, si laetus erit, si denique poscet;
Ne studio nostri pecces odiumque libellis
Sedulus inportes opera vemente minister.
Si te forte meae gravis uret sarcina chartae,
Abicito potius, quam quo perferre iuberis
Clitellas ferus inpingas, Asinaeque paternum
Cognomen vertas in risum et fabula fias.
Viribus uteris per clivos, flumina, lamas;
Victor propositi simul ac perveneris illuc,
Sic positum servabis onus, ne forte sub ala
Fasciculum portes librorum ut rusticus agnum,
Vt vinosa glomus furtivae Pyrrhia lanae,
Vt cum pileolo soleas conviva tribulis.
Neu volgo narres, te sudavisse ferendo
Carmina, quae possint oculos auresque morari
Caesaris; oratus multa prece, nitere: porro
Vade, vale, cave ne titubes mandataque frangas.

XXI.

Fessa labore sitim collegerat, oraque nulli
Colluerant fontes: cum tectam stramine vidit
Forte casam, parvasque fores pulsavit.   At inde
Prodit anus, divamque videt, lymphamque roganti
Dulce dedit, tosta quod texerat ante polenta.
Dum bibit illa datum, duri puer oris et audax
Constitit ante deam, risitque, avidamque vocavit.
Offensa est, neque adhuc epota parte loquentem
Cum liquido mixta perfudit diva polenta.
Combibit os maculas, et quae modo bracchia gessit,
Crura gerit; cauda est mutatis addita membris:
Inque brevem formam, ne sit vis magna nocendi,
Contrahitur, parvaque minor mensura lacerta est.

Mirantem flentemque et tangere monstra parantem
Fugit anum, latebramque petit; aptumque pudori
Nomen habet, variis stillatus corpora guttis.

XXII.

Silvia prima soror, palmis percussa lacertos,
Auxilium vocat et duros conclamat agrestis.
Olli (pestis enim tacitis latet aspera silvis)
Inprovisi adsunt, hic torre armatus obusto,
Stipitis hic gravidi nodis: quod cuique repertum
Rimanti, telum ira facit. Vocat agmina Tyrrhus,
Quadrifidam quercum cuneis ut forte coactis
Scindebat, rapta spirans immane securi.
At saeva e speculis tempus dea nancta nocendi
Ardua tecta petit stabuli et de culmine summo
Pastorale canit signum cornuque recurvo
Tartaream intendit vocem, qua protinus omne
Contremuit nemus et silvae insonuere profundae;
Audiit et Triviae longe lacus, audiit amnis
Sulpurea Nar albus aqua fontesque Velini,
Et trepidae matres pressere ad pectora natos.
Tum vero ad vocem celeres, qua bucina signum
Dira dedit, raptis concurrunt undique telis
Indomiti agricolae; nec non et Troia pubes
Ascanio auxilium castris effundit apertis.
Derexere acies. Non iam certamine agresti,
Stipitibus duris agitur sudibusve praeustis,
Sed ferro ancipiti decernunt atraque late
Horrescit strictis seges ensibus aeraque fulgent
Sole lacessita et lucem sub nubila iactant:
Fluctus uti primo coepit cum albescere vento,
Paulatim sese tollit mare et altius undas
Erigit, inde imo consurgit ad aethera fundo.

XXIII.

Quid nunc, vesani, iaculis levibusque sagittis
Perditis haesuros numquam vitalibus ictus?
Hunc aut tortilibus vibrata phalarica nervis
Obruat, aut vasti muralia pondera saxi:

Hunc aries ferro ballistaque limine portae
Summoveat.   Stat non fragilis pro Caesare murus,
Pompeiumque tenet.   Iam pectora non tegit armis,
Ac veritus credi clypeo, laevaque vacasse,
Aut culpa vixisse sua, tot vulnera belli
Solus obit, densamque ferens in pectore silvam,
Iam gradibus fessis, in quem cadat, eligit hostem.
Par pelagi monstris.   Libycae sic bellua terrae,
Sic Libycus densis elephas oppressus ab armis
Omne repercussum squalenti missile tergo
Frangit, et haerentes mota cute discutit hastas:
Viscera tuta latent penitus, citraque cruorem
Confixae stant tela ferae: tot facta sagittis,
Tot iaculis, unam non explent vulnera mortem.
Dictaea procul ecce manu Gortynis arundo
Tenditur in Scaevam, quae voto certior omni
In caput atque oculi laevum descendit in orbem.
Ille moras ferri, nervorum et vincula rumpit,
Adfixam vellens oculo pendente sagittam
Intrepidus, telumque suo cum lumine calcat.

XXIV.

Quid meruistis oves, placidum pecus, inque tuendos
Natum homines, pleno quae fertis in ubere nectar,
Mollia quae nobis vestras velamina lanas
Praebetis, vitaque magis quam morte iuvatis?
Quid meruere boves, animal sine fraude dolisque,
Innocuum, simplex, natum tolerare labores?
Immemor est, Deus nec frugum munere dignus,
Qui potuit curvi dempto modo pondere aratri
Ruricolam mactare suum, qui trita labore
Illa, quibus totiens durum renovaverat arvum,
Condiderat messes, percussit colla securi.
Nec satis est, quod tale nefas committitur: ipsos
Inscripsere deos sceleri, numenque supernum
Caede laboriferi credunt gaudere iuvenci.
Victima labe carens et praestantissima forma—
Nam placuisse nocet—vittis praesignis et auro
Sistitur ante aras, auditque ignara precantem,

Imponique suae videt inter cornua fronti
Quas coluit, fruges, percussaque sanguine cultros
Inficit in liquida praevisos forsitan unda.
Protinus ereptas viventi pectore fibras
Inspiciunt, mentesque deum scrutantur in illis.

XXV.

At cantu commotae Erebi de sedibus imis
Vmbrae ibant tenues simulacraque luce carentum,
Quam multa in foliis avium se milia condunt,
Vesper ubi aut hibernus agit de montibus imber,
Matres atque viri defunctaque corpora vita
Magnanimum heroum, pueri innuptaeque puellae.
Impositique rogis iuvenes ante ora parentum;
Quos circum limus niger et deformis harundo
Cocyti tardaque palus inamabilis unda
Alligat, et noviens Styx interfusa coercet.
Quin ipsae stupuere domus atque intima Leti
Tartara caeruleosque implexae crinibus angues
Eumenides, tenuitque inhians tria Cerberus ora,
Atque Ixionii cantu rota constitit orbis.
Iamque pedem referens casus evaserat omnis,
Redditaque Eurydice superas veniebat ad auras
Pone sequens (namque hanc dederat Proserpina legem)
Cum subita incautum dementia cepit amantem,
Ignoscenda quidem, scirent si ignoscere manes:
Restitit, Eurydicenque suam iam luce sub ipsa
Immemor heu victusque animi respexit.   Ibi omnis
Effusus labor atque immitis rupta tyranni
Foedera terque fragor stagnist auditus Averni.
Illa "quis et me" inquit "miseram et te perdidit, Orpheu,
Quis tantus furor?   En iterum crudelia retro
Fata vocant, conditque natantia lumina somnus.
Iamque vale: feror ingenti circumdata nocte
Invalidasque tibi tendens, heu non tua, palmas".

XXVI.

Venit et Crispi iucunda senectus,
Cuius erant mores, qualis facundia, mite

Ingenium. Maria ac terras populosque regenti
Quis comes utilior, si clade et peste sub illa
Saevitiam damnare et honestum affere liceret
Consilium. Sed quid violentius aure tyranni,
Cum quo de pluviis aut aestibus aut nimboso
Vere locuturi fatum pendebat amici?
Ille igitur nunquam direxit brachia contra
Torrentem, nec civis erat, qui libera posset
Verba animi proferre et vitam impendere vero.
Sic multas hiemes atque octogesima vidit
Solstitia, his armis illa quoque tutus in aula.
Proximus ejusdem properabat Acilius aevi
Cum iuvene, indigno, quem mors tam saeva maneret
Et domini gladiis tam festinata: sed olim
Prodigio par est in nobilitate senectus:
Unde fit, ut malim fraterculus esse Gigantis.
Profuit ergo nihil misero, quod cominus ursos
Figebat Numidas, Albana nudus arena
Venator. Quis enim iam non intelligat artes
Patricias? Quis priscum illud miratur acumen,
Brute, tuum? Facile est barbato imponere regi.
Nec melior vultu, quamvis ignobilis, ibat
Rubrius, offensae veteris reus atque tacendae,
Et tamen improbior saturam scribente cinaedo.

XXVII.

Centuriae seniorum agitant expertia frugis,
Celsi praetereunt austera poemata Ramnes:
Omne tulit punctum, qui miscuit utile dulci,
Lectorem delectando pariterque monendo.
Hic meret aera liber Sosiis, hic et mare transit
Et longum noto scriptori prorogat aevum.
Sunt delicta tamen, quibus ignovisse velimus:
Nam neque chorda sonum reddit, quem vult manus et
    mens,
Poscentique gravem persaepe remittit acutum,
Nec semper feriet, quodcumque minabitur, arcus.
Verum ubi plura nitent in carmine, non ego paucis
Offendar maculis, quas aut incuria fudit

Aut humana parum cavit natura.   Quid ergost?
Vt scriptor si peccat idem librarius usque,
Quamvis est monitus, venia caret; ut citharoedus
Ridetur, chorda qui semper oberrat eadem:
Sic mihi, qui multum cessat, fit Choerilus ille,
Quem bis terve bonum cum risu miror, et idem
Indignor quandoque bonus dormitat Homerus.
Verum operi longo fas est obrepere somnum.

XXVIII.

Postremo ante oculos res rem finire videtur:
Aër dissaepit collis atque aëra montes,
Terra mare et contra mare terras terminat omnis:
Omne quidem vero nil est quod finiat extra.
Est igitur natura loci spatiumque profundi,
Quod neque clara suo percurrere fulmina cursu
Perpetuo possint aevi labentia tractu
Nec prorsum facere ut restet minus ire meando:
Usque adeo passim patet ingens copia rebus,
Finibus exemptis, in cunctas undique partis.
Ipsa modum porro sibi rerum summa parare
Ne possit, natura tenet, quae corpus inani
Et quod inane autem est finiri corpore cogit,
Ut sic alternis infinita omnia reddat.
Aut etiam alterutrum, nisi terminet alterum, eorum
Simplice natura pateat tamen inmoderatum,
Nec mare nec tellus neque caeli lucida templa
Nec mortale genus nec divum corpora sancta
Exiguum possent horai sistere tempus:
Nam dispulsa suo de coetu materiai
Copia ferretur magnum per inane soluta,
Sive adeo potius numquam concreta creasset
Ullam rem, quoniam cogi disiecta nequisset.

XXIX.

Quis populi sermo est? quis enim, nisi carmina molli
Nunc demum numero fluere, ut per leve severos
Effundat iunctura ungues?   Scit tendere versum

Non secus ac si oculo rubricam dirigat uno;
Sive opus in mores, in luxum, in prandia regum
Dicere, res grandes nostro dat Musa poetae.
Ecce modo heroas sensus afferre videmus
Nugari solitos graece, nec ponere lucum
Artifices nec rus saturum laudare, ubi corbes
Et focus et porci et fumosa Palilia foeno,
Unde Remus sulcoque terens dentalia, Quinti,
Quem trepida ante boves dictaturam induit uxor
Et tua aratra domum lictor tulit—euge poeta!

XXX.

Hic novus Arpinas, ignobilis et modo Romae
Municipalis eques, galeatum ponit ubique
Praesidium attonitis, et in omni gente laborat.
Tantum igitur muros intra toga contulit illi
Nominis et tituli, quantum non Leucade, quantum
Thessaliae campis Octavius abstulit udo
Caedibus assiduis gladio.   Sed Roma parentem,
Roma Patrem Patriae Ciceronem libera dixit.
Arpinas alius Volscorum in monte solebat
Poscere mercedes, alieno lassus aratro;
Nodosam post haec frangebat vertice vitem,
Si lentus pigra muniret castra dolabra:
Hic tamen et Cimbros et summa pericula rerum
Excipit, et solus trepidantem protegit urbem;
Atque ideo, postquam ad Cimbros stragemque volabant
Qui nunquam attigerant maiora cadavera corvi,
Nobilis ornatur lauro collega secunda.

CPSIA information can be obtained
at www.ICGtesting.com
Printed in the USA
BVHW041213300119
539043BV00033B/1905/P